Questo quaderno per vocaboli appartiene a

DATA ____________ L M M G V S D

	PAROLA	TRADUZIONE	MEMORIZZARE
○ ○ ○			
○ ○ ○			
○ ○ ○			
○ ○ ○			
○ ○ ○			
○ ○ ○			
○ ○ ○			
○ ○ ○			
○ ○ ○			

DATA ________________ L M M G V S D

	PAROLA	TRADUZIONE	MEMORIZZARE
○ ○ ○			
○ ○ ○			
○ ○ ○			
○ ○ ○			
○ ○ ○			
○ ○ ○			
○ ○ ○			
○ ○ ○			
○ ○ ○			

DATA ______________ L M M G V S D

	PAROLA	TRADUZIONE	MEMORIZZARE
○ ○ ○			
○ ○ ○			
○ ○ ○			
○ ○ ○			
○ ○ ○			
○ ○ ○			
○ ○ ○			
○ ○ ○			
○ ○ ○			

DATA ______________ L M M G V S D

	PAROLA	TRADUZIONE	MEMORIZZARE
○ ○ ○			
○ ○ ○			
○ ○ ○			
○ ○ ○			
○ ○ ○			
○ ○ ○			
○ ○ ○			
○ ○ ○			
○ ○ ○			

DATA ____________ L M M G V S D

	PAROLA	TRADUZIONE	MEMORIZZARE
○ ○ ○			
○ ○ ○			
○ ○ ○			
○ ○ ○			
○ ○ ○			
○ ○ ○			
○ ○ ○			
○ ○ ○			
○ ○ ○			

DATA ____________ L M M G V S D

	PAROLA	TRADUZIONE	MEMORIZZARE
○ ○ ○			
○ ○ ○			
○ ○ ○			
○ ○ ○			
○ ○ ○			
○ ○ ○			
○ ○ ○			
○ ○ ○			
○ ○ ○			

DATA ____________ L M M G V S D

	PAROLA	TRADUZIONE	MEMORIZZARE
○ ○ ○			
○ ○ ○			
○ ○ ○			
○ ○ ○			
○ ○ ○			
○ ○ ○			
○ ○ ○			
○ ○ ○			
○ ○ ○			

DATA ____________ L M M G V S D

	PAROLA	TRADUZIONE	MEMORIZZARE
○○○			
○○○			
○○○			
○○○			
○○○			
○○○			
○○○			
○○○			
○○○			

DATA ____________ L M M G V S D

	PAROLA	TRADUZIONE	MEMORIZZARE
○ ○ ○			
○ ○ ○			
○ ○ ○			
○ ○ ○			
○ ○ ○			
○ ○ ○			
○ ○ ○			
○ ○ ○			
○ ○ ○			

DATA ____________ L M M G V S D

	PAROLA	TRADUZIONE	MEMORIZZARE
○ ○ ○			
○ ○ ○			
○ ○ ○			
○ ○ ○			
○ ○ ○			
○ ○ ○			
○ ○ ○			
○ ○ ○			
○ ○ ○			

DATA ____________ L M M G V S D

	PAROLA	TRADUZIONE	MEMORIZZARE
○○○			
○○○			
○○○			
○○○			
○○○			
○○○			
○○○			
○○○			
○○○			

DATA ________________ L M M G V S D

	PAROLA	TRADUZIONE	MEMORIZZARE
○ ○ ○			
○ ○ ○			
○ ○ ○			
○ ○ ○			
○ ○ ○			
○ ○ ○			
○ ○ ○			
○ ○ ○			
○ ○ ○			

DATA ______________ L M M G V S D

	PAROLA	TRADUZIONE	MEMORIZZARE
○ ○ ○			
○ ○ ○			
○ ○ ○			
○ ○ ○			
○ ○ ○			
○ ○ ○			
○ ○ ○			
○ ○ ○			
○ ○ ○			

DATA ____________ L M M G V S D

	PAROLA	TRADUZIONE	MEMORIZZARE
○○○			
○○○			
○○○			
○○○			
○○○			
○○○			
○○○			
○○○			
○○○			

DATA ____________ L M M G V S D

	PAROLA	TRADUZIONE	MEMORIZZARE
○○○			
○○○			
○○○			
○○○			
○○○			
○○○			
○○○			
○○○			
○○○			

DATA ____________ L M M G V S D

	PAROLA	TRADUZIONE	MEMORIZZARE
○ ○ ○			
○ ○ ○			
○ ○ ○			
○ ○ ○			
○ ○ ○			
○ ○ ○			
○ ○ ○			
○ ○ ○			
○ ○ ○			

DATA ______________ L M M G V S D

	PAROLA	TRADUZIONE	MEMORIZZARE
○○○			
○○○			
○○○			
○○○			
○○○			
○○○			
○○○			
○○○			
○○○			

DATA ____________ L M M G V S D

	PAROLA	TRADUZIONE	MEMORIZZARE
○ ○ ○			
○ ○ ○			
○ ○ ○			
○ ○ ○			
○ ○ ○			
○ ○ ○			
○ ○ ○			
○ ○ ○			
○ ○ ○			

DATA ____________ L M M G V S D

	PAROLA	TRADUZIONE	MEMORIZZARE
○ ○ ○			
○ ○ ○			
○ ○ ○			
○ ○ ○			
○ ○ ○			
○ ○ ○			
○ ○ ○			
○ ○ ○			
○ ○ ○			

DATA ______________ L M M G V S D

	PAROLA	TRADUZIONE	MEMORIZZARE
○○○			
○○○			
○○○			
○○○			
○○○			
○○○			
○○○			
○○○			
○○○			

DATA ____________ L M M G V S D

	PAROLA	TRADUZIONE	MEMORIZZARE
○ ○ ○			
○ ○ ○			
○ ○ ○			
○ ○ ○			
○ ○ ○			
○ ○ ○			
○ ○ ○			
○ ○ ○			
○ ○ ○			

DATA ____________ L M M G V S D

	PAROLA	TRADUZIONE	MEMORIZZARE
○○○			
○○○			
○○○			
○○○			
○○○			
○○○			
○○○			
○○○			
○○○			

DATA ____________ L M M G V S D

	PAROLA	TRADUZIONE	MEMORIZZARE
○○○			
○○○			
○○○			
○○○			
○○○			
○○○			
○○○			
○○○			
○○○			

DATA ____________________ L M M G V S D

	PAROLA	TRADUZIONE	MEMORIZZARE
○ ○ ○			
○ ○ ○			
○ ○ ○			
○ ○ ○			
○ ○ ○			
○ ○ ○			
○ ○ ○			
○ ○ ○			
○ ○ ○			

DATA ______________ L M M G V S D

	PAROLA	TRADUZIONE	MEMORIZZARE
○ ○ ○			
○ ○ ○			
○ ○ ○			
○ ○ ○			
○ ○ ○			
○ ○ ○			
○ ○ ○			
○ ○ ○			
○ ○ ○			

DATA ______________ L M M G V S D

	PAROLA	TRADUZIONE	MEMORIZZARE
○ ○ ○			
○ ○ ○			
○ ○ ○			
○ ○ ○			
○ ○ ○			
○ ○ ○			
○ ○ ○			
○ ○ ○			
○ ○ ○			

DATA ______________ L M M G V S D

	PAROLA	TRADUZIONE	MEMORIZZARE
○○○			
○○○			
○○○			
○○○			
○○○			
○○○			
○○○			
○○○			
○○○			

DATA ______________ L M M G V S D

	PAROLA	TRADUZIONE	MEMORIZZARE
○ ○ ○			
○ ○ ○			
○ ○ ○			
○ ○ ○			
○ ○ ○			
○ ○ ○			
○ ○ ○			
○ ○ ○			
○ ○ ○			

DATA ________________ L M M G V S D

	PAROLA	TRADUZIONE	MEMORIZZARE
○○○			
○○○			
○○○			
○○○			
○○○			
○○○			
○○○			
○○○			
○○○			

DATA ______________ L M M G V S D

	PAROLA	TRADUZIONE	MEMORIZZARE
○ ○ ○			
○ ○ ○			
○ ○ ○			
○ ○ ○			
○ ○ ○			
○ ○ ○			
○ ○ ○			
○ ○ ○			
○ ○ ○			

DATA ________________   L M M G V S D

	PAROLA	TRADUZIONE	MEMORIZZARE
○○○			
○○○			
○○○			
○○○			
○○○			
○○○			
○○○			
○○○			
○○○			

DATA ____________ L M M G V S D

	PAROLA	TRADUZIONE	MEMORIZZARE
○ ○ ○			
○ ○ ○			
○ ○ ○			
○ ○ ○			
○ ○ ○			
○ ○ ○			
○ ○ ○			
○ ○ ○			
○ ○ ○			

DATA ______________ L M M G V S D

	PAROLA	TRADUZIONE	MEMORIZZARE
○ ○ ○			
○ ○ ○			
○ ○ ○			
○ ○ ○			
○ ○ ○			
○ ○ ○			
○ ○ ○			
○ ○ ○			
○ ○ ○			

DATA ______________ L M M G V S D

	PAROLA	TRADUZIONE	MEMORIZZARE
○○○			
○○○			
○○○			
○○○			
○○○			
○○○			
○○○			
○○○			
○○○			

DATA ____________ L M M G V S D

	PAROLA	TRADUZIONE	MEMORIZZARE
○ ○ ○			
○ ○ ○			
○ ○ ○			
○ ○ ○			
○ ○ ○			
○ ○ ○			
○ ○ ○			
○ ○ ○			
○ ○ ○			

DATA ____________ L M M G V S D

	PAROLA	TRADUZIONE	MEMORIZZARE
○○○			
○○○			
○○○			
○○○			
○○○			
○○○			
○○○			
○○○			
○○○			

DATA ____________ L M M G V S D

	PAROLA	TRADUZIONE	MEMORIZZARE
○ ○ ○			
○ ○ ○			
○ ○ ○			
○ ○ ○			
○ ○ ○			
○ ○ ○			
○ ○ ○			
○ ○ ○			
○ ○ ○			

DATA ____________ L M M G V S D

	PAROLA	TRADUZIONE	MEMORIZZARE
○ ○ ○			
○ ○ ○			
○ ○ ○			
○ ○ ○			
○ ○ ○			
○ ○ ○			
○ ○ ○			
○ ○ ○			
○ ○ ○			

DATA ________________ L M M G V S D

	PAROLA	TRADUZIONE	MEMORIZZARE
○ ○ ○			
○ ○ ○			
○ ○ ○			
○ ○ ○			
○ ○ ○			
○ ○ ○			
○ ○ ○			
○ ○ ○			
○ ○ ○			

DATA ______________ L M M G V S D

	PAROLA	TRADUZIONE	MEMORIZZARE
○ ○ ○			
○ ○ ○			
○ ○ ○			
○ ○ ○			
○ ○ ○			
○ ○ ○			
○ ○ ○			
○ ○ ○			
○ ○ ○			

DATA ____________ L M M G V S D

	PAROLA	TRADUZIONE	MEMORIZZARE
○ ○ ○			
○ ○ ○			
○ ○ ○			
○ ○ ○			
○ ○ ○			
○ ○ ○			
○ ○ ○			
○ ○ ○			
○ ○ ○			

DATA ______________ L M M G V S D

	PAROLA	TRADUZIONE	MEMORIZZARE
○ ○ ○			
○ ○ ○			
○ ○ ○			
○ ○ ○			
○ ○ ○			
○ ○ ○			
○ ○ ○			
○ ○ ○			
○ ○ ○			

DATA ____________ L M M G V S D

	PAROLA	TRADUZIONE	MEMORIZZARE
○ ○ ○			
○ ○ ○			
○ ○ ○			
○ ○ ○			
○ ○ ○			
○ ○ ○			
○ ○ ○			
○ ○ ○			
○ ○ ○			

DATA ______________ L M M G V S D

	PAROLA	TRADUZIONE	MEMORIZZARE
○ ○ ○			
○ ○ ○			
○ ○ ○			
○ ○ ○			
○ ○ ○			
○ ○ ○			
○ ○ ○			
○ ○ ○			
○ ○ ○			

DATA ____________ L M M G V S D

	PAROLA	TRADUZIONE	MEMORIZZARE
○ ○ ○			
○ ○ ○			
○ ○ ○			
○ ○ ○			
○ ○ ○			
○ ○ ○			
○ ○ ○			
○ ○ ○			
○ ○ ○			

DATA ____________ L M M G V S D

	PAROLA	TRADUZIONE	MEMORIZZARE
○ ○ ○			
○ ○ ○			
○ ○ ○			
○ ○ ○			
○ ○ ○			
○ ○ ○			
○ ○ ○			
○ ○ ○			
○ ○ ○			

DATA ______________ L M M G V S D

	PAROLA	TRADUZIONE	MEMORIZZARE
○○○			
○○○			
○○○			
○○○			
○○○			
○○○			
○○○			
○○○			
○○○			

DATA ____________ L M M G V S D

	PAROLA	TRADUZIONE	MEMORIZZARE
○○○			
○○○			
○○○			
○○○			
○○○			
○○○			
○○○			
○○○			
○○○			

DATA ____________

L M M G V S D

	PAROLA	TRADUZIONE	MEMORIZZARE
○○○			
○○○			
○○○			
○○○			
○○○			
○○○			
○○○			
○○○			
○○○			

DATA ______________ L M M G V S D

	PAROLA	TRADUZIONE	MEMORIZZARE
○ ○ ○			
○ ○ ○			
○ ○ ○			
○ ○ ○			
○ ○ ○			
○ ○ ○			
○ ○ ○			
○ ○ ○			
○ ○ ○			

DATA ______________ L M M G V S D

	PAROLA	TRADUZIONE	MEMORIZZARE
○○○			
○○○			
○○○			
○○○			
○○○			
○○○			
○○○			
○○○			
○○○			

DATA ____________ L M M G V S D

	PAROLA	TRADUZIONE	MEMORIZZARE
○○○			
○○○			
○○○			
○○○			
○○○			
○○○			
○○○			
○○○			
○○○			

DATA ____________ L M M G V S D

	PAROLA	TRADUZIONE	MEMORIZZARE
○ ○ ○			
○ ○ ○			
○ ○ ○			
○ ○ ○			
○ ○ ○			
○ ○ ○			
○ ○ ○			
○ ○ ○			
○ ○ ○			

DATA ______________ L M M G V S D

	PAROLA	TRADUZIONE	MEMORIZZARE
○○○			
○○○			
○○○			
○○○			
○○○			
○○○			
○○○			
○○○			
○○○			

DATA ________________ L M M G V S D

	PAROLA	TRADUZIONE	MEMORIZZARE
○ ○ ○			
○ ○ ○			
○ ○ ○			
○ ○ ○			
○ ○ ○			
○ ○ ○			
○ ○ ○			
○ ○ ○			
○ ○ ○			

DATA ________________ L M M G V S D

	PAROLA	TRADUZIONE	MEMORIZZARE
○ ○ ○			
○ ○ ○			
○ ○ ○			
○ ○ ○			
○ ○ ○			
○ ○ ○			
○ ○ ○			
○ ○ ○			
○ ○ ○			

DATA ______________ L M M G V S D

	PAROLA	TRADUZIONE	MEMORIZZARE
○ ○ ○			
○ ○ ○			
○ ○ ○			
○ ○ ○			
○ ○ ○			
○ ○ ○			
○ ○ ○			
○ ○ ○			
○ ○ ○			

DATA ____________ L M M G V S D

	PAROLA	TRADUZIONE	MEMORIZZARE
○ ○ ○			
○ ○ ○			
○ ○ ○			
○ ○ ○			
○ ○ ○			
○ ○ ○			
○ ○ ○			
○ ○ ○			
○ ○ ○			

DATA ________________ L M M G V S D

	PAROLA	TRADUZIONE	MEMORIZZARE
○ ○ ○			
○ ○ ○			
○ ○ ○			
○ ○ ○			
○ ○ ○			
○ ○ ○			
○ ○ ○			
○ ○ ○			
○ ○ ○			

DATA ____________ L M M G V S D

	PAROLA	TRADUZIONE	MEMORIZZARE
○○○			
○○○			
○○○			
○○○			
○○○			
○○○			
○○○			
○○○			
○○○			

DATA ______________ L M M G V S D

	PAROLA	TRADUZIONE	MEMORIZZARE
○ ○ ○			
○ ○ ○			
○ ○ ○			
○ ○ ○			
○ ○ ○			
○ ○ ○			
○ ○ ○			
○ ○ ○			
○ ○ ○			

DATA ____________ L M M G V S D

	PAROLA	TRADUZIONE	MEMORIZZARE
○○○			
○○○			
○○○			
○○○			
○○○			
○○○			
○○○			
○○○			
○○○			

DATA ______________ L M M G V S D

	PAROLA	TRADUZIONE	MEMORIZZARE
○ ○ ○			
○ ○ ○			
○ ○ ○			
○ ○ ○			
○ ○ ○			
○ ○ ○			
○ ○ ○			
○ ○ ○			
○ ○ ○			

DATA ______________ L M M G V S D

	PAROLA	TRADUZIONE	MEMORIZZARE
○ ○ ○			
○ ○ ○			
○ ○ ○			
○ ○ ○			
○ ○ ○			
○ ○ ○			
○ ○ ○			
○ ○ ○			
○ ○ ○			

DATA ____________ L M M G V S D

	PAROLA	TRADUZIONE	MEMORIZZARE
○ ○ ○			
○ ○ ○			
○ ○ ○			
○ ○ ○			
○ ○ ○			
○ ○ ○			
○ ○ ○			
○ ○ ○			
○ ○ ○			

DATA ________ L M M G V S D

	PAROLA	TRADUZIONE	MEMORIZZARE
○○○			
○○○			
○○○			
○○○			
○○○			
○○○			
○○○			
○○○			
○○○			

DATA ____________ L M M G V S D

	PAROLA	TRADUZIONE	MEMORIZZARE
○ ○ ○			
○ ○ ○			
○ ○ ○			
○ ○ ○			
○ ○ ○			
○ ○ ○			
○ ○ ○			
○ ○ ○			
○ ○ ○			

DATA ____________ L M M G V S D

	PAROLA	TRADUZIONE	MEMORIZZARE
○ ○ ○			
○ ○ ○			
○ ○ ○			
○ ○ ○			
○ ○ ○			
○ ○ ○			
○ ○ ○			
○ ○ ○			
○ ○ ○			

DATA ____________________ L M M G V S D

	PAROLA	TRADUZIONE	MEMORIZZARE
○ ○ ○			
○ ○ ○			
○ ○ ○			
○ ○ ○			
○ ○ ○			
○ ○ ○			
○ ○ ○			
○ ○ ○			
○ ○ ○			

DATA ____________ L M M G V S D

	PAROLA	TRADUZIONE	MEMORIZZARE
○ ○ ○			
○ ○ ○			
○ ○ ○			
○ ○ ○			
○ ○ ○			
○ ○ ○			
○ ○ ○			
○ ○ ○			
○ ○ ○			

DATA ____________ L M M G V S D

	PAROLA	TRADUZIONE	MEMORIZZARE
○ ○ ○			
○ ○ ○			
○ ○ ○			
○ ○ ○			
○ ○ ○			
○ ○ ○			
○ ○ ○			
○ ○ ○			
○ ○ ○			

DATA ________________ L M M G V S D

	PAROLA	TRADUZIONE	MEMORIZZARE
○ ○ ○			
○ ○ ○			
○ ○ ○			
○ ○ ○			
○ ○ ○			
○ ○ ○			
○ ○ ○			
○ ○ ○			
○ ○ ○			

DATA ______________ L M M G V S D

	PAROLA	TRADUZIONE	MEMORIZZARE
○ ○ ○			
○ ○ ○			
○ ○ ○			
○ ○ ○			
○ ○ ○			
○ ○ ○			
○ ○ ○			
○ ○ ○			
○ ○ ○			

DATA ______________ L M M G V S D

	PAROLA	TRADUZIONE	MEMORIZZARE
○○○			
○○○			
○○○			
○○○			
○○○			
○○○			
○○○			
○○○			
○○○			

DATA ________________ L M M G V S D

	PAROLA	TRADUZIONE	MEMORIZZARE
○ ○ ○			
○ ○ ○			
○ ○ ○			
○ ○ ○			
○ ○ ○			
○ ○ ○			
○ ○ ○			
○ ○ ○			
○ ○ ○			

DATA ____________ L M M G V S D

	PAROLA	TRADUZIONE	MEMORIZZARE
○ ○ ○			
○ ○ ○			
○ ○ ○			
○ ○ ○			
○ ○ ○			
○ ○ ○			
○ ○ ○			
○ ○ ○			
○ ○ ○			

DATA ________________ L M M G V S D

	PAROLA	TRADUZIONE	MEMORIZZARE
○ ○ ○			
○ ○ ○			
○ ○ ○			
○ ○ ○			
○ ○ ○			
○ ○ ○			
○ ○ ○			
○ ○ ○			
○ ○ ○			

DATA ______________ L M M G V S D

	PAROLA	TRADUZIONE	MEMORIZZARE
○○○			
○○○			
○○○			
○○○			
○○○			
○○○			
○○○			
○○○			
○○○			

DATA ______________ L M M G V S D

	PAROLA	TRADUZIONE	MEMORIZZARE
○ ○ ○			
○ ○ ○			
○ ○ ○			
○ ○ ○			
○ ○ ○			
○ ○ ○			
○ ○ ○			
○ ○ ○			
○ ○ ○			

DATA ____________ L M M G V S D

	PAROLA	TRADUZIONE	MEMORIZZARE
○ ○ ○			
○ ○ ○			
○ ○ ○			
○ ○ ○			
○ ○ ○			
○ ○ ○			
○ ○ ○			
○ ○ ○			
○ ○ ○			

DATA ______________ L M M G V S D

	PAROLA	TRADUZIONE	MEMORIZZARE
○ ○ ○			
○ ○ ○			
○ ○ ○			
○ ○ ○			
○ ○ ○			
○ ○ ○			
○ ○ ○			
○ ○ ○			
○ ○ ○			

DATA ______________ L M M G V S D

	PAROLA	TRADUZIONE	MEMORIZZARE
○ ○ ○			
○ ○ ○			
○ ○ ○			
○ ○ ○			
○ ○ ○			
○ ○ ○			
○ ○ ○			
○ ○ ○			
○ ○ ○			

DATA ______________ L M M G V S D

	PAROLA	TRADUZIONE	MEMORIZZARE
○ ○ ○			
○ ○ ○			
○ ○ ○			
○ ○ ○			
○ ○ ○			
○ ○ ○			
○ ○ ○			
○ ○ ○			
○ ○ ○			

DATA ________________ L M M G V S D

	PAROLA	TRADUZIONE	MEMORIZZARE
○ ○ ○			
○ ○ ○			
○ ○ ○			
○ ○ ○			
○ ○ ○			
○ ○ ○			
○ ○ ○			
○ ○ ○			
○ ○ ○			

DATA ____________ L M M G V S D

	PAROLA	TRADUZIONE	MEMORIZZARE
○ ○ ○			
○ ○ ○			
○ ○ ○			
○ ○ ○			
○ ○ ○			
○ ○ ○			
○ ○ ○			
○ ○ ○			
○ ○ ○			

DATA ____________ L M M G V S D

	PAROLA	TRADUZIONE	MEMORIZZARE
○ ○ ○			
○ ○ ○			
○ ○ ○			
○ ○ ○			
○ ○ ○			
○ ○ ○			
○ ○ ○			
○ ○ ○			
○ ○ ○			

DATA ____________   L M M G V S D

	PAROLA	TRADUZIONE	MEMORIZZARE
○ ○ ○			
○ ○ ○			
○ ○ ○			
○ ○ ○			
○ ○ ○			
○ ○ ○			
○ ○ ○			
○ ○ ○			
○ ○ ○			

DATA ____________ L M M G V S D

	PAROLA	TRADUZIONE	MEMORIZZARE
○ ○ ○			
○ ○ ○			
○ ○ ○			
○ ○ ○			
○ ○ ○			
○ ○ ○			
○ ○ ○			
○ ○ ○			
○ ○ ○			

DATA ____________ L M M G V S D

	PAROLA	TRADUZIONE	MEMORIZZARE
○ ○ ○			
○ ○ ○			
○ ○ ○			
○ ○ ○			
○ ○ ○			
○ ○ ○			
○ ○ ○			
○ ○ ○			
○ ○ ○			

DATA ______________ L M M G V S D

	PAROLA	TRADUZIONE	MEMORIZZARE
○ ○ ○			
○ ○ ○			
○ ○ ○			
○ ○ ○			
○ ○ ○			
○ ○ ○			
○ ○ ○			
○ ○ ○			
○ ○ ○			

DATA ____________ L M M G V S D

	PAROLA	TRADUZIONE	MEMORIZZARE
○ ○ ○			
○ ○ ○			
○ ○ ○			
○ ○ ○			
○ ○ ○			
○ ○ ○			
○ ○ ○			
○ ○ ○			
○ ○ ○			

DATA ______________ L M M G V S D

	PAROLA	TRADUZIONE	MEMORIZZARE
○ ○ ○			
○ ○ ○			
○ ○ ○			
○ ○ ○			
○ ○ ○			
○ ○ ○			
○ ○ ○			
○ ○ ○			
○ ○ ○			

DATA ____________ L M M G V S D

	PAROLA	TRADUZIONE	MEMORIZZARE
○○○			
○○○			
○○○			
○○○			
○○○			
○○○			
○○○			
○○○			
○○○			

DATA ____________ L M M G V S D

	PAROLA	TRADUZIONE	MEMORIZZARE
○ ○ ○			
○ ○ ○			
○ ○ ○			
○ ○ ○			
○ ○ ○			
○ ○ ○			
○ ○ ○			
○ ○ ○			
○ ○ ○			

DATA ______________ L M M G V S D

	PAROLA	TRADUZIONE	MEMORIZZARE
○ ○ ○			
○ ○ ○			
○ ○ ○			
○ ○ ○			
○ ○ ○			
○ ○ ○			
○ ○ ○			
○ ○ ○			
○ ○ ○			

DATA ____________ L M M G V S D

	PAROLA	TRADUZIONE	MEMORIZZARE
○ ○ ○			
○ ○ ○			
○ ○ ○			
○ ○ ○			
○ ○ ○			
○ ○ ○			
○ ○ ○			
○ ○ ○			
○ ○ ○			

DATA ____________ L M M G V S D

	PAROLA	TRADUZIONE	MEMORIZZARE
○ ○ ○			
○ ○ ○			
○ ○ ○			
○ ○ ○			
○ ○ ○			
○ ○ ○			
○ ○ ○			
○ ○ ○			
○ ○ ○			

DATA ______________ L M M G V S D

	PAROLA	TRADUZIONE	MEMORIZZARE
○ ○ ○			
○ ○ ○			
○ ○ ○			
○ ○ ○			
○ ○ ○			
○ ○ ○			
○ ○ ○			
○ ○ ○			
○ ○ ○			

DATA ________________ L M M G V S D

	PAROLA	TRADUZIONE	MEMORIZZARE
○ ○ ○			
○ ○ ○			
○ ○ ○			
○ ○ ○			
○ ○ ○			
○ ○ ○			
○ ○ ○			
○ ○ ○			
○ ○ ○			

DATA ______________ L M M G V S D

	PAROLA	TRADUZIONE	MEMORIZZARE
○ ○ ○			
○ ○ ○			
○ ○ ○			
○ ○ ○			
○ ○ ○			
○ ○ ○			
○ ○ ○			
○ ○ ○			
○ ○ ○			

DATA ____________ L M M G V S D

	PAROLA	TRADUZIONE	MEMORIZZARE
○ ○ ○			
○ ○ ○			
○ ○ ○			
○ ○ ○			
○ ○ ○			
○ ○ ○			
○ ○ ○			
○ ○ ○			
○ ○ ○			

DATA ____________ L M M G V S D

	PAROLA	TRADUZIONE	MEMORIZZARE
○ ○ ○			
○ ○ ○			
○ ○ ○			
○ ○ ○			
○ ○ ○			
○ ○ ○			
○ ○ ○			
○ ○ ○			
○ ○ ○			

DATA ____________ L M M G V S D

	PAROLA	TRADUZIONE	MEMORIZZARE
○ ○ ○			
○ ○ ○			
○ ○ ○			
○ ○ ○			
○ ○ ○			
○ ○ ○			
○ ○ ○			
○ ○ ○			
○ ○ ○			

DATA ____________ L M M G V S D

	PAROLA	TRADUZIONE	MEMORIZZARE
○ ○ ○			
○ ○ ○			
○ ○ ○			
○ ○ ○			
○ ○ ○			
○ ○ ○			
○ ○ ○			
○ ○ ○			
○ ○ ○			

DATA ______________ L M M G V S D

	PAROLA	TRADUZIONE	MEMORIZZARE
○ ○ ○			
○ ○ ○			
○ ○ ○			
○ ○ ○			
○ ○ ○			
○ ○ ○			
○ ○ ○			
○ ○ ○			
○ ○ ○			

DATA ____________ L M M G V S D

	PAROLA	TRADUZIONE	MEMORIZZARE
○○○			
○○○			
○○○			
○○○			
○○○			
○○○			
○○○			
○○○			
○○○			

DATA ______________ L M M G V S D

	PAROLA	TRADUZIONE	MEMORIZZARE
○ ○ ○			
○ ○ ○			
○ ○ ○			
○ ○ ○			
○ ○ ○			
○ ○ ○			
○ ○ ○			
○ ○ ○			
○ ○ ○			

DATA ____________ L M M G V S D

	PAROLA	TRADUZIONE	MEMORIZZARE
○ ○ ○			
○ ○ ○			
○ ○ ○			
○ ○ ○			
○ ○ ○			
○ ○ ○			
○ ○ ○			
○ ○ ○			
○ ○ ○			

DATA ____________ L M M G V S D

	PAROLA	TRADUZIONE	MEMORIZZARE
○ ○ ○			
○ ○ ○			
○ ○ ○			
○ ○ ○			
○ ○ ○			
○ ○ ○			
○ ○ ○			
○ ○ ○			
○ ○ ○			

DATA ____________ L M M G V S D

	PAROLA	TRADUZIONE	MEMORIZZARE
○○○			
○○○			
○○○			
○○○			
○○○			
○○○			
○○○			
○○○			
○○○			

DATA ________________ L M M G V S D

	PAROLA	TRADUZIONE	MEMORIZZARE
○ ○ ○			
○ ○ ○			
○ ○ ○			
○ ○ ○			
○ ○ ○			
○ ○ ○			
○ ○ ○			
○ ○ ○			
○ ○ ○			

DATA ____________ L M M G V S D

	PAROLA	TRADUZIONE	MEMORIZZARE
○ ○ ○			
○ ○ ○			
○ ○ ○			
○ ○ ○			
○ ○ ○			
○ ○ ○			
○ ○ ○			
○ ○ ○			
○ ○ ○			

DATA ____________ L M M G V S D

	PAROLA	TRADUZIONE	MEMORIZZARE
○ ○ ○			
○ ○ ○			
○ ○ ○			
○ ○ ○			
○ ○ ○			
○ ○ ○			
○ ○ ○			
○ ○ ○			
○ ○ ○			

DATA ________________ L M M G V S D

	PAROLA	TRADUZIONE	MEMORIZZARE
○○○			
○○○			
○○○			
○○○			
○○○			
○○○			
○○○			
○○○			
○○○			

DATA ____________ L M M G V S D

	PAROLA	TRADUZIONE	MEMORIZZARE
○○○			
○○○			
○○○			
○○○			
○○○			
○○○			
○○○			
○○○			
○○○			

DATA ____________ L M M G V S D

	PAROLA	TRADUZIONE	MEMORIZZARE
○○○			
○○○			
○○○			
○○○			
○○○			
○○○			
○○○			
○○○			
○○○			

DATA ____________ L M M G V S D

	PAROLA	TRADUZIONE	MEMORIZZARE
○ ○ ○			
○ ○ ○			
○ ○ ○			
○ ○ ○			
○ ○ ○			
○ ○ ○			
○ ○ ○			
○ ○ ○			
○ ○ ○			

DATA ______________ L M M G V S D

	PAROLA	TRADUZIONE	MEMORIZZARE
○ ○ ○			
○ ○ ○			
○ ○ ○			
○ ○ ○			
○ ○ ○			
○ ○ ○			
○ ○ ○			
○ ○ ○			
○ ○ ○			

"I LIMITI DELLA MIA LINGUA
SONO I LIMITI DEL MIO MONDO."

LUDWIG WITTGENSTEIN

Printed by Amazon Italia Logistica S.r.l.
Torrazza Piemonte (TO), Italy

60672129R00070